こどものためのピアノ曲集

ピアノ とおはなし

石井 歓 作曲

The piano pieces for CHILDREN
for small hands-No octaves

Talking With The Piano

composed by **Kan Ishii**

edition KAWAI

はじめに

初歩の子供のためのピアノ曲集です。

しかし，曲集であるからには，初歩的なピアノのためのエチュードとしての性格とともに，更に必要なのは，それぞれの曲に暖かい，深い音楽性がたたえられていることではないでしょうか。

子供達にとっては，機械的な技術のみでは退屈感をまねくことにもなりますが，子供さんなりに「音楽づくり」に参加していると云う意識が，ピアノ練習の継続を約束してくれるのだと信じております。

この曲集は，―――カワイ出版の上野一郎さん，益田久実子さんがたのお力添によったところが大であります。

1984年12月

石井　歓

Preface

This is a piano selection for child beginners. However, for this to be a selection, I feel it is necessary for it to have the characteristics of an etude for rudimentary piano playing, and to be filled with a warm, deep, musical sence in each and every piece as well.

For children, mechanical playing techniques alone will only invite monotony. But I believe that, even it's just a little, the consciousness of participating in "making music" will promise a continuation of piano practice.

This selection was made possible, largely with the help of Ichiro Ueno and Kumiko Masuda of Edition KAWAI.

December 1984

Kan Ishii

もくじ／CONTENTS

両手のポジション指定／Finger positions of both hands

1 かわいい こばと _____ 6
Cute Little Pigeons

2 こばとがないた _____ 7
The Little Pigeon Cried

3 雨だれポッツン _____ 8
Raindrops-Drip, Drop

4 竹の子すくすく _____ 8
Grow Quickly, Bamboo Shoots

5 まねっこ まねちゃん _____ 9
"Little Miss Copycat"

6 やまびこ ホーイ _____ 10
Hey! Hey! The Echo

7 おにんぎょうのワルツ I _____ 11
The Doll's Waltz I

8 にじがでたよ _____ 12
There's a Rainbow

9 なかよし こだま _____ 13
The Friendly Echo

10 遠くのおまつり _____ 14
The Festival Far Away

11 スキップ ピョンピョン _____ 16
Skip! Skip! Skip!

12 おはなし してよ _____ 17
Let's Talk

13 おばあちゃんのおはなし _____ 18
Grandmother's Tale

指の交叉／Crossing over and under of fingers

14 両手でなかよく _____ 20
Playing Together With Both Hands

15 まねっこ おさる _____ 21
The Copycat Monkey

16 コアラのおやこ I _____ 22
The Koala Mother and Child I

17 木の葉のおふね _____ 23
A Leaf Boat

18 こてきたいがくるよ _____ 24
The Marching Band Is Coming

19 おとうさんといっしょ _____ 25
With Daddy

20 コアラのおやこ II _____ 26
The Koala Mother and Child II

☆鍵盤になれるために／Getting used to the keys

21 おゆびでおさんぽ _____ 28
Finger Walking

和 音／Chord

22 なかよし ブランコ _____ 30
The Friendly Swing

23 ふたりでなかよく _____ 30
The Two Of Us Together

24 アラビヤのおどり _____ 31
The Arabian Dance

片手のポジション指定／Finger positions of one hand

25 おにんぎょうのワルツII _____ 32
The Doll's Waltz II

26 波とおふね _____ 33
The Wave and The Boat

27 くまさんの遠足 _____ 34
The Bear's Excursion

28 かえるのおはなし _____ 35
The Frog's Tale

29 なわとび ピョンピョン _____ 36
Jump! Jump! Jump Rope

30 あひるのおさんぽ _____ 37
The Duck's Walk

31 おやすみのまえに _____ 38
Before Going To Bed

応用から『音のメルヘン』へ／From practice to "Fables by Music"

32 たのしい おんがくかい _____ 40
The Delightful Concert

33 やさしい ペンギンちゃんがやってくる _____ 42
Elementary The Penguins Are Coming

34 ポニーにのって _____ 43
Riding on a Pony

35 おかあさんのおひざ _____ 44
Mammy's Lap

36 ちょうちょになったゆめ _____ 45
I Dreamed I Was a Butterfly

37 たんぽぽのおどり _____ 46
The Dandelion's Dance

38 やさしい エコセーズ —風とポプラのはっぱ— 48
Elementary Ecossaise —The Wind and Poplar Tree Leaves—

39 おるすばんのとき _____ 49
All Alone At Home

40 やさしい 小馬と野原を _____ 50
Elementary With My Pony in The Field

41 海のみえる家 _____ 52
A House Where the Sea Can Be Seen

42 秋のメロディ _____ 54
Autumn Melody

1
かわいい こばと
Cute Little Pigeons

石井 歓 作曲
Kan Ishii

● 両手のポジションを，はっきりと確認してください。そして，力を抜いて楽しく弾きましょう。
2小節で1フレーズになっています。タイに注意してください。

5
まねっこ まねちゃん
"Little Miss Copycat"

Allegretto ♩=116ぐらい　　石井 歓 作曲
Kan Ishii

9
なかよし こだま
The Friendly Echo

石井 歓 作曲
Kan Ishii

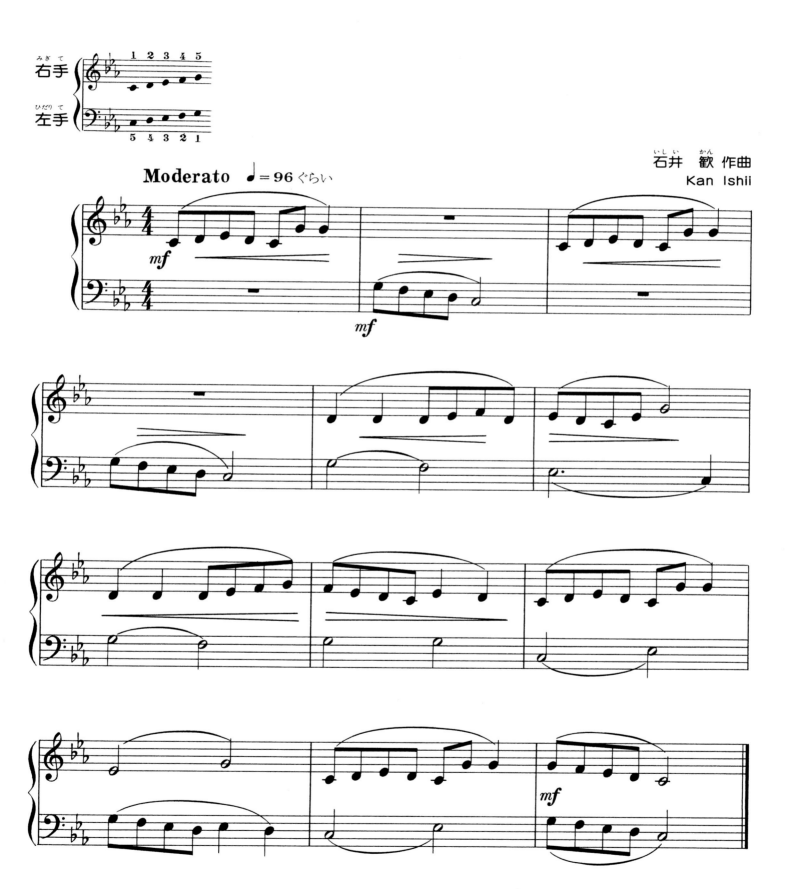

11
スキップ ピョンピョン
Skip! Skip! Skip!

●スキップ（付点音符）が早くならないように気をつけて演奏してください。
　いつも，はずむような軽やかな付点音符を学びましょう。

おはなし してよ
Let's Talk

石井 歓 作曲
Kan Ishii

● 右手と左手とが，ちょうど対話をしているような気持ちで演奏してください。

13
おばあちゃんのおはなし
Grandmother's Tale

石井 歓 作曲
Kan Ishii

Moderato ♩=108 ぐらい

- 短い3部楽節になっています。その対比をはっきりと演奏してください。
  中間部分が，あまり短いスタッカートにならないようにしてください。(メゾ・スタッカート)

16
コアラのおやこ I
The Koala Mother and Child I

石井　歓　作曲
Kan Ishii

Moderato ♩=108 ぐらい

● 指の交叉の練習をしてください。2曲とも音楽的に美しくまとめるようにこころがけましょう。

17
木の葉のおふね
A Leaf Boat

石井 歓 作曲
Kan Ishii

20
コアラのおやこ II
The Koala Mother and Child II

石井 歓 作曲
Kan Ishii

Moderato ♩=104 ぐらい

- 「コアラのおやこ I」を基本にして，練習しましょう。

21
おゆびでおさんぽ
Finger Walking

☆かた手ずつ，1と3の指からはじめてください。
　なれてきたら，指づかいをかえて，りょう手でもひいてみましょう。

☆ひきかたをかえてみましょう。

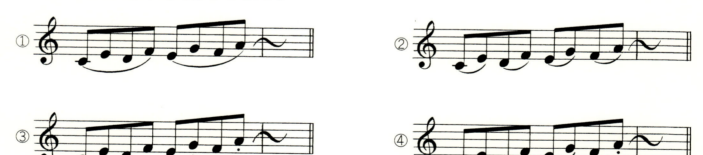

- 一音一音，指を上から打ちおろして，しっかりとした音で弾きましょう。
- レガートで練習しましょう。
- 手の形を常に正しくするように習慣づけましょう。
- 先生の指示で，強弱をつけてみましょう。
- いろいろくふうして練習してください。
　楽譜をはなれて，鍵盤に慣れ親しむことが目的です。

☆曲をひいてみましょう。

石井　歓 作曲
Kan Ishii

22
なかよし ブランコ
The Friendly Swing

石井 歓 作曲
Kan Ishii

23
ふたりでなかよく
The Two Of Us Together

石井 歓 作曲
Kan Ishii

● 3度の練習をはじめましょう。二つの音が同じ強さになるように気をつけましょう。

24
アラビヤのおどり
The Arabian Dance

25
おにんぎょうのワルツ II
The Doll's Waltz II

● ワルツです。左手のワルツのリズムにメロディを美しくのせて弾きましょう。

くまさんの遠足
The Bear's Excursion

● タイトルの感じを頭におきながら演奏しましょう。タイに注意してください。

30
あひるのおさんぽ
The Duck's Walk

石井 歓 作曲
Kan Ishii

32
たのしい おんがくかい
The Delightful Concert

石井 歓 作曲
Kan Ishii

Allegro ♩=138 ぐらい

● 楽しい小曲です。音楽的に，のびのびと演奏しましょう。

34
ポニーにのって
Riding on a Pony

石井 歓 作曲
Kan Ishii

● 33番，34番ともリズムにのって，楽しく演奏しましょう。特に情景を想像しながら練習してください。

おかあさんのおひざ
Mammy's Lap

石井 歓 作曲
Kan Ishii

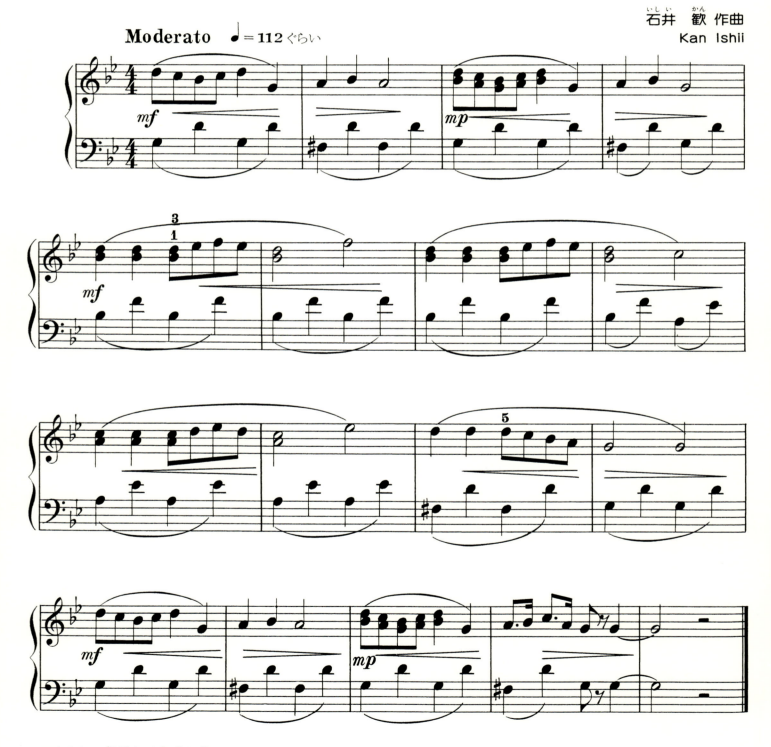

- やさしい気持ちで右手を美しくうたいながら練習しましょう。
  時々出てくる3度の和音を美しく弾いてください。

ちょうちょになったゆめ
I Dreamed I Was a Butterfly

石井 歓 作曲
Kan Ishii

● メロディのうたい方に気をつけましょう。
左手は，そのメロディを生かすために，強弱を美しくはっきりとつけてください。

たんぽぽのおどり
The Dandelion's Dance

石井 歓 作曲
Kan Ishii

●曲全体の感じをよくつかんで，美しい音楽を作ってください。

38

やさしいエコセーズ —風とポプラのはっぱ—
Elementary Ecossaise —The Wind and Poplar Tree Leaves—

石井 歓 作曲
Kan Ishii

● 『音のメルヘン』の中の作品を初歩向きに編曲したものです。軽やかなタッチで弾いてください。

41
海のみえる家
A House Where the Sea Can Be Seen

石井 歓 作曲
Kan Ishii

Moderato ♩=96ぐらい

● 3部形式の対比を意識しながら弾きましょう。3連音符と付点の組み合せによって作られた曲です。
リズムをはっきりと演奏してください。

42

秋のメロディ
Autumn Melody

石井　歓 作曲
Kan Ishii

Andante ♩=69ぐらい

● 音楽的に深い味わいを持った作品です。一音一音を大切に弾いてください。特に中間部のクレッシェンドと，ふたたびもとのテンポにもどる箇所との対比は，音楽構成上大切にしてください。

	こどものためのピアノ曲集	
	ピアノとおはなし	
発行日● 1985 年 3 月 1 日　第 1 刷発行	作　曲●石井 歓	
2019 年 5 月 1 日　第 6 刷発行	発行所●カワイ出版（株式会社 全音楽譜出版社 カワイ出版部）	
	〒161-0034　東京都新宿区上落合 2-13-3	
	TEL.03-3227-6286　FAX.03-3227-6296	
表紙装幀・イラスト●坊 奈緒子	楽譜浄書●ミタニガクフ	
	写　植●創美写植	
	印　刷 / 製　本●平河工業社	

© 1985 by edition KAWAI. Assigned 2017 to Zen-On Music Co., Ltd.

本書よりの転載はお断りします。
落丁・乱丁本はお取り替え致します。
本書のデザインや仕様は予告なく変更される場合がございます。

ISBN978-4-7609-0517-1